AMAR SIN GARANTÍAS

El conflicto del deseo en la pareja

Miguel Angel Gopar

Gopar

Amar sin garantías

Primera edición: abril 2026

Autor y editor: Miguel Ángel Gopar

Dolores, Provincia de Buenos Aires, Argentina

ISBN 978-631-01-4341-5

Gopar, Miguel Angel
Amar sin garantías : el conflicto del deseo en la pareja / Miguel Ángel Gopar. - 1a ed. - Dolores : Miguel Ángel Gopar, 2026.
93 p. ; 22 x 14 cm.

ISBN 978-631-01-4341-5

1. Ensayo Psicológico. I. Título.
CDD 177.7

Queda hecho el depósito que establece la Ley 11.723.

Este libro no sustituye un proceso terapéutico ni asesoramiento profesional.

Impreso bajo demanda.

A quienes se animan a conocerse,
incluso cuando eso incomoda.

ÍNDICE

PRÓLOGO

Hay una idea que casi nadie quiere cuestionar: que el amor, cuando es verdadero, debería ser suficiente. Suficiente para sostener el deseo. Suficiente para evitar la duda. Suficiente para garantizar que el otro se quede.

Esa idea no suele discutirse. Se asume. Y sin embargo, en la experiencia real, algo no encaja.

Personas que se quieren y se lastiman. Parejas que funcionan y, aun así, se desgastan. Vínculos donde no falta amor, pero falta algo que nadie logra nombrar del todo.

No siempre hay traición. No siempre hay violencia. A veces hay algo más difícil de detectar: silencio, costumbre, distancia.

El problema no es que el amor falle. Es que se espera de él algo que no puede garantizar.

Este libro no intenta enseñar a amar mejor. Tampoco propone fórmulas para evitar el conflicto. Parte de una premisa más incómoda: que el conflicto no es un accidente del amor, sino una de sus condiciones.

A lo largo de estas páginas aparecen escenas clínicas, fragmentos de vínculos reales, momentos donde el deseo cambia, se desplaza o se vuelve difícil de sostener. No como excepciones, sino como parte de la experiencia vincular adulta.

No hay personajes ideales. No hay soluciones limpias. No hay promesas.

Lo que hay es algo más cercano a la práctica clínica: preguntas que no siempre tienen respuesta inmediata, tensiones que no se resuelven del todo y decisiones que se toman sin garantías.

Quizás el punto no sea evitar la ambivalencia, sino aprender a reconocerla sin que destruya el vínculo. Quizás el problema no sea que el deseo cambie, sino no poder hablar de ese cambio.

Y quizás, en lugar de buscar certezas, haya que tolerar algo más difícil: que amar implica exponerse a lo que no se puede controlar.

Este no es un libro para confirmar lo que ya se sabe. Es un libro para incomodar algunas certezas.

Y, si algo de lo que aparece en estas páginas resuena, no es porque esté bien o mal. Es porque probablemente ya estaba ahí.

A veces aparece en silencio. En una escena cotidiana. En un momento que, desde afuera, no parece importante.

Pero algo ya no es igual.

CAPÍTULO 1

Cuando el otro deja de ser perfecto

Una mujer mira a su marido dormir. No es la primera vez. No es una escena dramática. Es doméstica, casi banal. La luz del velador queda encendida porque ella dijo que quería leer, pero el libro descansa cerrado sobre su pecho. Él se durmió rápido. Siempre se duerme rápido. La respiración se vuelve profunda, pesada, confiada. Tiene una mano apoyada sobre el abdomen, la boca apenas entreabierta, una arruga nueva en la frente que hace diez años no estaba.

Ella lo observa y siente algo que no sabe nombrar. No es enojo. No es rechazo. Tampoco es ternura pura. Es una mezcla extraña de familiaridad y distancia. Lo conoce tanto que ya no hay sorpresa. Sabe cómo respira cuando está agotado. Sabe que en unos minutos va a girar hacia el lado izquierdo. Sabe que, si ahora le habla, no responderá. Y en ese conocimiento absoluto aparece la grieta.

Recuerda la primera vez que lo vio. Recuerda la tensión en el estómago. La electricidad en la piel cuando él la tocó apenas en la cintura para dejarla pasar. Recuerda haber pensado: **"Es distinto"**.

Ahora lo mira dormir y la pregunta surge, silenciosa, casi indecente: **"Si lo hubiera conocido hoy, ¿lo elegiría?"**

No es una pregunta impulsiva. Es lúcida. Y la lucidez dentro del amor es peligrosa porque no tiene excusas. No hay traición. No hay violencia. No hay ausencia. Él es buen padre. Es responsable. Está presente. Entonces, ¿qué cambió?

Ella intenta buscarlo en el cuerpo. Hace meses que no siente urgencia por tocarlo. Tienen relaciones sexuales, sí. Pero son previsibles. Sabe cómo empieza la escena: él la abraza por detrás, le besa el cuello, desliza la mano bajo la remera. Ella responde. El cuerpo responde. Pero no hay vértigo. No hay esa sensación de no saber qué va a pasar.

El deseo no desapareció. Se volvió correcto. Y lo correcto, en el erotismo, a veces es sinónimo de tibio.

Se gira en la cama. Intenta dormir, pero no puede. Su mente hace algo que la avergüenza: imagina otra escena. No una infidelidad concreta. Solo una conversación con alguien nuevo. Un mensaje inesperado. Una mirada que no la conozca de memoria. La sensación de ser vista sin historia.

No quiere otro hombre. Quiere volver a sentirse deseada sin rutina. La culpa aparece inmediatamente. **"¿Cómo puedo pensar esto si lo quiero?".** Ahí empieza el conflicto adulto.

La caída del ideal

El enamoramiento es una experiencia expansiva. El otro parece excepcional porque está cubierto por proyección. Freud describía este fenómeno como sobreestimación libidinal del objeto amado (Freud, 1914): depositamos en el otro partes idealizadas de nosotros mismos. No vemos al otro como es; vemos al otro como necesitamos que sea.

En el inicio, el deseo no depende de la realidad. Depende de la fantasía.

Pero la convivencia introduce límites. El otro se vuelve humano. Tiene mal humor. Tiene defectos repetitivos. Tiene gestos que ya no sorprenden y entonces, el ideal cae.

La caída del ideal no es fracaso. Es paso estructural. El problema es que muchas parejas no saben atravesarlo. Confunden la caída del ideal con la caída del amor.

Amar después del ideal implica aceptar que el otro no es excepcional. Es real. Y lo real no erotiza por sí solo.

Viñeta clínica I: "Lo quiero, pero ya no lo deseo igual"

Consulta una mujer de 39 años. Diez años de relación. No hay crisis explícita. Dice: **"Lo quiero profundamente, pero ya no lo deseo igual"**. Lo dice con vergüenza. Como si estuviera confesando un delito.

Exploramos la diferencia entre querer y desear. Aparece algo interesante: el deseo estaba ligado a lo incierto. Al inicio, él podía irse. Podía no llamar. Podía elegir otra. Había riesgo. Ahora no hay riesgo. Hay estabilidad.

Le pregunto: **"¿Qué parte tuya aparece cuando alguien nuevo te mira?"**

Después de varias sesiones responde: **"La parte viva"**.

El deseo no estaba dirigido solo hacia otro hombre hipotético. Estaba dirigido hacia una versión de sí misma que sentía perdida.

Aquí aparece un punto central: muchas veces lo que se erosiona en la pareja no es el amor sino el narcisismo sostenido por la mirada del otro. Cuando la mirada se vuelve estable, deja de confirmar constantemente.

El amor adulto exige tolerar esa pérdida de intensidad narcisista.

Sexualidad y repetición

La sexualidad en la pareja estable no muere por falta de técnica. Muere por exceso de previsibilidad. El cuerpo aprende la coreografía. Y cuando la coreografía se repite sin variación emocional, el deseo pierde tensión.

Lacan sostenía que el deseo surge de la falta (Seminario 11, 1964). Cuando el otro se vuelve completamente accesible, completamente seguro, la falta disminuye. Y con ella, parte del empuje erótico.

Pero esto no significa que la pareja esté condenada. Significa que el deseo en la adultez requiere construcción deliberada. Conversación honesta. Riesgo emocional. Exposición. Sin verdad, no hay erotismo duradero.

Segunda escena

Semanas después, la misma mujer se encuentra tomando un café con un colega. No es una cita. Es trabajo. Pero en un momento él le sostiene la mirada un segundo más de lo necesario. Nada ocurre objetivamente. Sin embargo, su cuerpo responde. Se siente alerta. Se siente interesante.

Esa noche vuelve a casa confundida. No pasó nada. Pero pasó algo.

Se pregunta si el problema es su matrimonio o si el problema es que nadie puede sostener eternamente el lugar de excepción.

No quiere traicionar. No quiere irse. Pero tampoco quiere resignarse a la tibieza.

Ahí empieza el verdadero trabajo adulto: sostener la ambivalencia sin destruir el vínculo.

Integración

Winnicott planteaba que la madurez implica tolerar ambivalencia sin destruir el objeto amado (1971). Amar implica aceptar que el otro no siempre despierta deseo y que nosotros no siempre somos la versión más vibrante dentro del vínculo.

El enamoramiento nos elige. El amor adulto se elige todos los días.

La pregunta **"¿lo elegiría hoy?"** no destruye el amor. Lo pone a prueba. Y el amor que sobreviva a esa pregunta será menos ideal, pero más real.

El cruce de una línea

No todas las infidelidades empiezan con intención. Algunas empiezan con cansancio.

Un hombre de 44 años, casado hace trece, viaja por trabajo. Hotel impersonal. Ciudad que no es la suya. Cena con colegas.

Risas. Alcohol moderado. Conversación con una mujer que no conoce su historia. No sabe que ronca. No sabe que se duerme rápido. No sabe que tiene dos hijos que lo esperan.

Ella lo mira sin archivo previo.

Y en esa mirada él se siente distinto.

No es solo atracción física. Es liviandad. Nadie le recuerda cuentas por pagar. Nadie le habla de horarios escolares. Nadie le reclama presencia. En esa conversación él no es padre, ni esposo, ni responsable. Es un hombre deseable.

La tensión es gradual. No ocurre de golpe. Una mano que se roza. Una pausa que se sostiene. Una risa que se prolonga más de lo necesario.

En el ascensor del hotel no hay discurso ético. Hay cuerpo.

Cruza la línea.

No hay violencia. No hay desamor explícito. Hay deseo y anonimato.

Después del acto no siente euforia cinematográfica. Siente silencio. Se sienta en la cama del hotel y experimenta algo ambiguo: alivio y vértigo. No piensa en dejar a su esposa. Piensa en que algo que estaba dormido volvió a activarse.

A la mañana siguiente, la culpa no es moral abstracta. Es corporal. Una opresión en el pecho. Una imagen que no puede borrar: la mirada de su esposa mientras duerme.

No la dejó de amar. Pero rompió el pacto.

Viñeta clínica II: "No quería irme. Quería sentirme vivo"

Llega a consulta meses después. La infidelidad fue descubierta. La pareja está en crisis. Dice algo que sintetiza el conflicto: **"No quería separarme. Quería sentirme vivo".**

Exploramos qué significa **"vivo".** Aparece una historia de años donde él se volvió proveedor, organizador, estructura. El deseo fue desplazado por función. No por imposición externa, sino por inercia.

Le pregunto sobre qué sintió exactamente en el momento del encuentro. Responde: **"Que podía ser otro"**.

Ese es el núcleo. La infidelidad no fue sólo búsqueda de otro cuerpo. Fue búsqueda de otra identidad.

Aquí la clínica se vuelve delicada. No se trata de justificar el acto. El daño existe. La traición es real. Pero comprender su estructura es indispensable para no repetirla.

La esposa, en sesiones posteriores, dice algo igual de brutal: **"Hace años que no lo miraba como hombre"**.

La caída del ideal fue mutua. Solo que uno la actuó antes de nombrarla.

El deseo como ruptura del guion

Cuando el otro deja de ser perfecto, el guion romántico se quiebra. El sujeto descubre que el amor no elimina la posibilidad de desear a otro. Y eso produce terror porque amenaza la narrativa de exclusividad total.

Freud diferenciaba amor tierno y amor sensual, señalando que no siempre coinciden plenamente (Freud, 1912). En la adultez, muchas parejas conservan ternura pero pierden intensidad sensual. La tensión aparece cuando el sujeto cree que debería sentir ambas cosas en igual proporción de manera permanente.

No es así.

El problema no es que el deseo fluctúe. El problema es no hablarlo.

Sexualidad real

En consulta, una mujer de 36 años dice: **"Cuando él me toca, ya sé cómo va a seguir"**. No hay desprecio en su voz. Hay resignación.

La repetición sexual no es en sí patológica. Se vuelve problemática cuando la pareja no puede introducir novedad simbólica. El erotismo adulto requiere exposición emocional. Requiere decir fantasías que incomodan. Requiere admitir insatisfacción sin convertirla en acusación.

Pero muchas parejas temen esa conversación. Temen que abrir el tema sea abrir la puerta a la ruptura. Y entonces callan. Y el silencio erosiona más que cualquier discusión.

La pregunta que queda

Volvamos a la mujer que mira a su marido dormir. Ahora sabemos algo más: esa pregunta que apareció en su mente no era trivial. Era la antesala de un movimiento posible. No necesariamente infidelidad. Pero sí desplazamiento interno.

Cuando el ideal cae, el amor no desaparece. Se vuelve elección consciente o se vuelve costumbre.

El hombre que cruzó la línea no dejó de amar. Pero actuó lo que no pudo decir.

La mujer que duda todavía no actuó. Pero el conflicto ya existe.

El amor adulto no consiste en no sentir deseo por otros. Consiste en decidir qué hacer con ese deseo. **Integrarlo. Conversarlo. Transformarlo. O actuarlo y asumir consecuencias.**

Integración conceptual

La ambivalencia no es anomalía. Es estructura. Amar implica simultáneamente querer permanecer y querer escapar. La madurez no elimina esa tensión. La reconoce.

Winnicott hablaba de la capacidad de sostener ambivalencia sin destruir el objeto amado (1971). Esa es la prueba real del amor adulto: atravesar la caída del ideal sin convertir cada duda en ruptura.

La infidelidad no comienza en la cama. Comienza en el silencio de una pregunta que no encuentra espacio para decirse.

"¿Lo elegiría hoy?"

Cuando esa pregunta puede formularse en voz alta sin que el vínculo estalle, el amor se vuelve adulto.

La confrontación

La infidelidad no estalla el día que ocurre. Estalla el día que se descubre. No fue una confesión heroica. Fue un mensaje mal borrado. Una notificación en la pantalla. Un nombre que no debía aparecer a esa hora. Un silencio demasiado largo cuando ella preguntó: **"¿Quién es?"**

Él intenta explicar. Dice que no es lo que parece. Dice que fue una vez. Dice que no significa nada.

Pero ella no escucha palabras. Escucha traición.

El cuerpo de ella reacciona antes que el pensamiento. Siente calor en el rostro, un temblor leve en las manos, una presión en el estómago. Lo mira como si estuviera frente a un desconocido.

"No me mires así", dice él.

Pero ella ya no puede mirarlo como antes.

No grita. No rompe objetos. Lo que hace es peor: formula una pregunta lenta, controlada.

"¿Desde cuándo?"

La respuesta no importa tanto como el hecho de que hay un antes que ella no conocía.

En ese momento, lo que se rompe no es solo el pacto sexual. Se rompe la narrativa compartida. La historia que creían tener se reescribe en segundos.

Él intenta acercarse. Ella retrocede. No por asco físico. Por desorganización interna.

Porque la imagen que tenía de él se fracturó.

El narcisismo herido

Cuando alguien descubre una infidelidad, no solo duele la pérdida de exclusividad. Duele la herida narcisista. "No fui suficiente" aparece como pensamiento inmediato, aunque racionalmente se sepa que el acto habla del otro.

Freud ya advertía que el yo se construye en gran parte a partir de la mirada y el deseo del otro (Freud, 1914). Cuando ese deseo se desplaza, el yo se tambalea.

Ella no solo está enojada. Está humillada. **"No era perfecta"**, piensa. **"No fui suficiente."**

Y él tampoco sale intacto. Su narcisismo también se hiere. Porque la imagen de **"buen esposo"** ya no coincide con sus actos. Ahora tiene que mirarse como alguien que dañó.

La infidelidad no solo divide a la pareja. Divide la identidad de ambos.

Viñeta clínica III: La sesión después del descubrimiento

En la primera sesión conjunta, el silencio pesa más que las palabras. Ella habla primero. **"Quiero entender".** No quiere detalles gráficos. Quiere sentido.

Él dice algo que la enfurece aún más: **"No tiene explicación".**

Pero sí la tiene. Siempre la tiene.

Con el tiempo aparece la verdad más incómoda: hacía años que no hablaban de deseo. Hablaban de logística. De hijos. De dinero. De organización. El erotismo quedó relegado a la eficiencia.

Ella reconoce que hacía tiempo no lo tocaba con intención. Él admite que tampoco la miraba con curiosidad.

Nada de esto justifica el acto. Pero lo contextualiza.

En una sesión particularmente tensa, ella dice: **"Lo que más me duele no es que haya estado con otra. Es que no me haya dicho, que estaba vacío".**

Esa frase marca el punto estructural. El silencio fue previo al engaño.

La sexualidad después de la traición

La pareja que decide intentar continuar enfrenta un desafío brutal: el cuerpo ya no es inocente. El acto sexual se contamina con imágenes intrusivas. Ella imagina comparaciones. Él siente vigilancia.

El deseo, que ya estaba debilitado, ahora se mezcla con celos, rabia y desconfianza.

Algunas parejas no sobreviven a este punto. Otras, paradójicamente, reconstruyen una sexualidad más honesta. No más ingenua, pero sí más hablada.

Porque ahora saben algo que antes ignoraban: el deseo no se sostiene solo. Se cuida.

La escena inicial resignificada

Volvamos a la mujer que miraba a su marido dormir.

Si ella nunca habla su ambivalencia, el silencio puede volverse caldo de cultivo para la repetición. No necesariamente infidelidad física. Pero sí desplazamiento emocional.

La pregunta **"¿lo elegiría hoy?"** puede ser destructiva si se calla o transformadora si se conversa.

El amor adulto no elimina la posibilidad de ruptura. La incluye como riesgo constante. Y sin riesgo, no hay elección.

Integración final del capítulo

Cuando el otro deja de ser perfecto, el amor pierde ilusión, pero gana verdad. La caída del ideal no es señal automática de fracaso. Es transición estructural.

La infidelidad no es solo acto moral. Es síntoma de algo que no encontró palabra.

El conflicto no es sentir deseo por otro. El conflicto es no saber qué hacer con ese deseo.

Amar en la adultez no significa no dudar. Significa sostener la duda sin destruir todo.

La mujer que mira a su marido dormir ya no lo ve como ideal. Lo ve como real. Y en esa realidad aparece una elección más difícil, más consciente, menos romántica.

El enamoramiento nos arrebata. El amor adulto nos exige. Y esa exigencia no es comodidad. **Es responsabilidad emocional.**

CAPÍTULO 2

La doble vida

La infidelidad ocasional puede vivirse como accidente.

La doble vida **no.** La doble vida se organiza. Se planifica. Se administra. No ocurre en un impulso aislado. Se sostiene en el tiempo con una disciplina silenciosa que erosiona más que cualquier aventura de una noche.

Una mujer de 37 años despierta a las seis de la mañana. Su marido duerme a su lado. La casa está en silencio. Antes de levantarse, toma el celular. Hay un mensaje que llegó a la 1:12 a.m. Lo leyó de madrugada, cuando él ya roncaba.

"¿Estás pensando en mí?"

No es una aventura casual. Es un vínculo que lleva ocho meses. No hubo crisis abierta en el matrimonio. Hubo desplazamiento interno. El deseo no desapareció. Cambió de dirección.

Con su esposo hay historia, hijos, estabilidad. Con el otro hay tensión. No es solo sexo. Es conversación. Es mirada. Es sentirse interesante otra vez.

No quiere perder ninguno de los dos mundos. Ese, es el inicio de la fractura.

El erotismo del secreto

La doble vida tiene una dimensión erótica propia: el secreto. La clandestinidad produce adrenalina, el nombre guardado con inicial falsa, el mensaje borrado, la excusa mínima para salir antes.

El cuerpo responde no solo al otro. Responde al riesgo.

Freud señalaba que la **prohibición intensifica la pulsión**. Lo que no debe hacerse adquiere valor suplementario. El deseo crece en la sombra.

Pero el secreto no solo erotiza. Divide.

En casa, ella es madre organizada, esposa funcional, mujer estable. En el otro vínculo es deseada sin rol. Sin archivo previo. Sin historia acumulada.

En uno es responsabilidad. En el otro es misterio.

Y el misterio siempre excita más que la rutina.

Viñeta clínica I: "Con él no soy madre, soy mujer"

En sesión lo dice con voz baja: **"Con él no soy madre. Soy mujer."** No es desprecio hacia su marido. Es descripción de una escisión.

Exploramos cuándo comenzó a sentir que su identidad en casa se redujo a función. Aparece la maternidad absorbente. El cansancio acumulado. La sexualidad previsible. La sensación de que nadie la mira sin conocerla de memoria.

El amante no la salva. La espeja en una versión olvidada.

Pero esa restitución tiene costo.

La doble vida no es solo traición. Es fragmentación psíquica sostenida.

La administración de la mentira

La doble vida requiere logística. Horarios. Excusas coherentes. Mensajes borrados a tiempo. Historias que coincidan. El sujeto se vuelve estratega. Pero cada mentira deja una microfractura interna.

Una noche, durante la cena familiar, el celular vibra. Ella no lo mira. Pero sabe quién es. Su cuerpo responde antes que su mente. Un leve cambio en la respiración. Una tensión mínima en los hombros.

El marido lo nota.

"¿Todo bien?"

Ella responde demasiado rápido: **"Sí."**

El secreto ya no es solo excitación. Es amenaza.

La escena del descubrimiento

El descubrimiento no siempre ocurre con un hotel ni con un cuerpo en flagrancia. A veces ocurre con algo más pequeño: un mensaje que no fue borrado a tiempo.

Un domingo por la tarde, mientras ella se ducha, el celular queda sobre la mesa. Una notificación aparece en pantalla.

"Anoche soñé con vos."

El marido no busca. No sospecha. Solo ve.

Cuando ella sale del baño, él está sentado en la cocina, con el teléfono en la mano. No grita. Eso es peor.

"¿Quién es?"

Ella intenta minimizar. Dice que es solo un amigo. Dice que exagera. Pero él no está mirando la palabra. Está mirando la intimidad que no le pertenece.

"¿Desde cuándo?"

La pregunta atraviesa como cuchilla. Desde cuándo existe una parte de su esposa que él ya no conoce.

El descubrimiento no rompe solo la exclusividad sexual. Rompe la narrativa compartida.

En ese momento, ella entiende algo brutal: la doble vida no puede integrarse sin destruir algo.

Viñeta clínica II: El hombre que no se va

Un hombre de 48 años sostiene una relación paralela hace más de un año. No es solo sexo. Son fines de semana inventados. Viajes laborales que no existen. Promesas ambiguas.

Dice en sesión: **"No puedo dejar a ninguna."** No porque ame igual a ambas. Porque cada una sostiene una parte distinta de su identidad.

Con su esposa es estabilidad, historia, estructura. Con la otra es intensidad, erotismo explícito, validación constante.

Le pregunto: **"¿Quién sos en cada vínculo?"**

Silencio.

La doble vida no es solo deseo múltiple. Es identidad dividida.

Sexualidad sin relato

En la relación paralela la sexualidad es distinta.

Hay fantasías que nunca se dijeron en casa.

Hay juegos que parecían impensables.

Hay cuerpos explorados sin historia acumulada.

La pregunta clínica no es por qué ocurre. Es por qué no pudo hablarse antes.

En muchos matrimonios, la sexualidad se vuelve predecible no por incapacidad sino por miedo a incomodar. El amante no es más creativo. Es menos cargado de historia.

Pero la intensidad clandestina no reemplaza la profundidad. Es fuego rápido.

La caída pública

No todas las dobles vidas se descubren en privado.

Un hombre llega a consulta después de que su esposa lo expusiera frente a la familia. Había sospechas previas. Él negaba. Hasta que una foto apareció en redes sociales: él en un restaurante que supuestamente era **"reunión laboral"**.

La escena fue brutal. Discusión frente a los hijos. Gritos. Llanto.

Pero lo que más lo golpeó no fue la exposición. Fue la mirada de su hijo adolescente.

No dijo nada. Solo miró.

La doble vida no solo rompe pareja. Impacta sistema familiar completo.

El colapso

Después del descubrimiento viene el colapso. Ya no hay adrenalina. Ya no hay erotismo del secreto. Hay vigilancia, desconfianza e interrogatorios.

La mujer del inicio dice en sesión: **"Ahora me controla todo."** No se queja. Lo entiende. Pero la excitación se evaporó. El amante ya no es aventura. Es amenaza.

La doble vida que parecía expansión se convierte en jaula.

La verdad incómoda

No toda doble vida nace de desamor. Muchas nacen de insatisfacción no hablada. De deseo no conversado. De identidad no integrada. Pero eso no elimina el daño.

La traición no se mide solo en acto sexual. Se mide en desplazamiento de intimidad. Cuando la confidencia que debería existir en casa ocurre en otro lugar, el vínculo principal empieza a vaciarse.

Integración conceptual

La doble vida es intento fallido de integrar partes inconciliables del yo. En lugar de ampliar el vínculo principal, el sujeto fragmenta su identidad en dos escenarios.

No es simplemente perversión ni simple inmoralidad. Es dificultad para sostener deseo, responsabilidad y autenticidad en un mismo espacio.

Pero toda fragmentación sostenida exige energía psíquica enorme. Y esa energía termina agotando.

Cierre

La doble vida promete expansión y entrega fractura.

Promete intensidad y entrega ansiedad.

Promete sentirse vivo y entrega culpa.

El conflicto no es entre dos personas. Es interno. Es identidad partida. Es deseo no integrado.

El secreto erotiza hasta que el miedo supera al deseo.

Y cuando eso ocurre, el sujeto descubre algo que siempre estuvo ahí: no se puede vivir dividido sin perder algo esencial.

CAPÍTULO 3

Abrir la pareja

No todas las parejas abiertas nacen de libertad. Algunas nacen del miedo a perder.

Una mujer de 39 años pronuncia la frase con una serenidad ensayada: **"Podríamos intentar algo distinto"**. No hay llanto. No hay enojo. Hay cálculo. Su pareja la mira en silencio. Llevan doce años juntos. Dos hijos. Una crisis reciente. Él tuvo una infidelidad emocional que casi termina todo. Ahora ella propone algo que parece moderno, consciente, evolucionado.

"No quiero enterarme por terceros", dice. **"Prefiero saber."**

No es simple progresismo. Es negociación con el dolor.

La fantasía de madurez

En el discurso contemporáneo, abrir la pareja puede presentarse como gesto evolutivo. Más honesto. Más transparente. Más adulto. La monogamia empieza a verse como estructura rígida, heredada, posesiva.

Pero en la clínica la pregunta no es ideológica, es estructural:

¿Desde dónde se abre?

Si la apertura nace de deseo compartido y sólida seguridad interna, puede sostenerse. Si nace de miedo a abandono, se convierte en autoexposición traumática.

Ella no quiere perderlo. Él no quiere volver a mentir. Entonces deciden ampliar el acuerdo.

El problema, es que ampliar el acuerdo no amplía automáticamente la tolerancia emocional.

Primera salida

La primera vez que él sale con otra mujer, ella no duerme. Le dijo que estaba bien. Se lo repitió varias veces. **"Quiero que seas libre."** Pero cuando él se viste para salir, siente una contracción en el pecho que no había anticipado.

No hay discusión, hay sonrisa forzada.

Cuando la puerta se cierra, el silencio se vuelve insoportable. Imagina escenas. No porque quiera, es porque el cuerpo no puede evitarlo. Imagina la mano de él recorriendo otra espalda. Imagina sonidos. Imagina comparaciones.

El cuerpo no entiende acuerdos teóricos. El cuerpo reacciona.

Viñeta clínica I: "Yo lo propuse, pero no lo soporto"

En sesión lo dice con vergüenza: **"Fui yo quien lo propuso. Pero no lo soporto"**. Pensó que, si institucionalizaba la posibilidad de estar con otros, la traición dejaría de doler.

Pensó que el control reduciría el riesgo, pero lo que ocurrió fue lo contrario. Convertir la herida en regla no la sana. La expone.

Exploramos qué intentaba evitar con la apertura. Aparece un miedo profundo a que él la deje por otra. La fantasía inconsciente fue: si le doy permiso, no me abandona.

Pero el permiso no elimina el miedo. Lo intensifica.

El cuerpo no es ideológico

Intelectualmente, ella cree en la libertad. Cree que nadie es propiedad de nadie. Cree que el deseo no puede encarcelarse.

Pero cuando él vuelve de su cita y le cuenta detalles, porque acordaron honestidad total, algo se rompe.

"No me cuentes tanto", dice al día siguiente.

La apertura exige transparencia. Pero la transparencia puede ser brutal.

Lacan sostenía que el deseo no obedece al discurso consciente. Podemos sostener una posición ética y, al mismo tiempo, sentir celos primitivos. El cuerpo no vota. Reacciona.

Viñeta clínica II: El que descubre que sí es celoso

Un hombre de 44 años acuerda con su pareja abrir la relación. Él se siente seguro. Cree que no es posesivo. Cree que puede separar sexo de amor.

Durante meses parece funcionar. Hasta que ella se involucra emocionalmente con otro hombre. No estaba en el plan. El acuerdo era sexo casual. Pero el deseo no respeta cláusulas contractuales.

En sesión dice algo inesperado: **"No sabía que podía doler tanto"**. Lo que duele no es el sexo. Es la posibilidad de ser desplazado afectivamente.

La apertura sexual no neutraliza el apego.

Bowlby describió que el vínculo de apego opera incluso cuando la sexualidad se diversifica. El cuerpo puede multiplicar encuentros. El apego reclama centralidad.

La comparación constante

Una de las consecuencias más silenciosas de la pareja abierta es la comparación.

¿Le gustó más?

¿Es mejor que yo en la cama?

¿Lo hace con más intensidad?

Aunque nadie lo diga en voz alta, la comparación opera internamente. Una mujer en sesión confesó algo devastador:

"Cuando volvía de verlo, yo quería tener sexo con mi marido solo para comprobar que todavía me deseaba igual". El encuentro principal se convierte en prueba.

La sexualidad deja de ser espontánea. Se vuelve medición.

La escena del quiebre

Una noche, después de meses de apertura, él pregunta lo que no se animaba a decir: **"¿Te estás enamorando?"**. Ella tarda en responder. Ese silencio contiene la respuesta.

"No lo sé."

El **"no lo sé"** es más peligroso que un sí.

La apertura que comenzó como intento de modernidad se transforma en crisis identitaria. Ya no se trata de libertad sexual. Se trata de desplazamiento emocional.

Él siente algo nuevo: inseguridad real. Ella siente algo más perturbador: culpa y excitación mezcladas.

El acuerdo ya no protege. Exacerba.

Sexualidad amplificada

En algunas parejas, la apertura reactiva el deseo interno. La idea de que el otro puede ser deseado por alguien más reintroduce competencia simbólica. El riesgo erotiza.

Pero cuando esa competencia no es simétrica, genera humillación.

Un hombre relata que mientras su pareja tenía múltiples encuentros, él apenas lograba conectar con otras mujeres. **"Ella floreció. Yo me sentí invisible."**

La apertura no siempre distribuye poder equitativamente.

Viñeta clínica III: Catástrofe emocional

Una pareja de 35 años abre la relación convencida de que son lo suficientemente maduros. Durante un año parece funcionar. Hasta que ella comienza a pasar más tiempo con uno de sus vínculos secundarios.

No es solo sexo. Es conversación diaria. Es compartir problemas laborales. Es intimidad emocional.

El marido lo percibe. No puede prohibirlo sin traicionar el acuerdo. Pero tampoco puede tolerarlo.

En sesión estalla: **"Abrimos la cama, no el corazón".**

La frase sintetiza el límite que nunca fue explicitado.

La apertura sexual no es neutral. Mueve estructuras profundas de apego, narcisismo y pertenencia.

¿Libertad o evitación?

Abrir la pareja puede ser decisión genuina. Pero también puede ser evitación sofisticada de una conversación más profunda: sobre deseo apagado, resentimiento acumulado, miedo a ruptura.

En algunos casos, la apertura no expande el vínculo. Lo diluye. Porque el problema nunca fue la exclusividad. Fue el silencio.

El cierre inevitable

La mujer del inicio finalmente dice algo honesto: **"Pensé que podía tolerarlo. Pero no puedo"**. Él siente alivio y frustración al mismo tiempo. La apertura no los destruyó de inmediato. Los desnudó.

Ahora deben decidir algo más real: quedarse o separarse.

La pareja abierta no es más moderna ni más inmadura por definición. Es más exigente.

Exige autoconocimiento brutal. Exige tolerancia emocional real. Exige capacidad de hablar lo que duele.

Sin eso, la apertura no libera. Desestabiliza.

Integración conceptual

La monogamia no es garantía de estabilidad. La apertura no es garantía de libertad emocional. Ambas requieren estructura psíquica sólida.

El deseo puede multiplicarse. El apego no siempre.

El cuerpo puede sostener variedad. El narcisismo puede no tolerar comparación.

Abrir la pareja no elimina **el conflicto del amor**. Lo intensifica.

<u>Cierre</u>

Abrir una relación es ampliar el escenario del deseo. Pero también amplía el escenario del miedo.

La libertad sin conciencia se vuelve caos.

La exclusividad sin deseo se vuelve rutina.

El amor adulto no se define por la forma del acuerdo. Se define por la honestidad con la que se sostiene. Y cuando la apertura revela más inseguridad que libertad, la pregunta no es si el modelo está mal. La pregunta es si el vínculo estaba listo para esa verdad.

CAPÍTULO 4

El que "ama más"

No todas las parejas están desequilibradas en tareas. Muchas están desequilibradas en intensidad. Hay uno que ama más. No necesariamente más profundo. Más ansioso. Más pendiente. Más disponible. Más dispuesto a ceder. Y esa diferencia no siempre se nota desde afuera. Desde afuera parecen estables. Desde adentro, uno espera y el otro administra.

Una mujer mira el teléfono cada diez minutos. No porque su pareja haya desaparecido. Porque aún no respondió un mensaje que envió hace veinte minutos. **"¿Llegaste bien?"** Nada dramático. Nada excesivo. Pero el silencio empieza a adquirir peso.

Tal vez está ocupado. Tal vez no vio el mensaje. Pero la mente no se detiene en explicaciones neutras. Se desliza hacia el temor. Quizás ya no le importo tanto. Quizás estoy insistiendo demasiado. Quizás soy yo la intensa. La ansiedad no nace del hecho. Nace de la asimetría percibida.

En el discurso romántico amar más suena noble. En la clínica, amar más suele ser doloroso. El que ama más espera más. El que espera más se expone más. El que se expone más se hiere más.

En una pareja asimétrica uno regula la distancia y el otro regula la cercanía. Uno necesita espacio. El otro necesita confirmación. Uno se siente invadido. El otro se siente ignorado. Y ambos creen que **el problema es el otro.**

Viñeta clínica I: "Siempre soy yo la que busca"

Consulta una mujer de 34 años. Relación de tres años. No hay violencia. No hay infidelidad. Hay diferencia en intensidad. **"Siempre soy yo la que propone vernos. Si no escribo, no escribe."** Él responde cuando ella inicia. Está cuando ella organiza. Pero no impulsa. No anticipa. No sorprende.

Exploramos su historia. Aparece una madre emocionalmente intermitente. A veces cálida. A veces ausente. Nunca predecible. Bowlby describió el apego ansioso como patrón donde la disponibilidad del otro nunca se siente garantizada (1969).

Ella no ama más por romanticismo. Ama más por miedo. La pregunta clínica no es cómo hacer que él ame igual. Es cómo fortalecer en ella un sostén interno que no dependa exclusivamente de la respuesta del otro. Porque el que ama más suele vivir en hipervigilancia. Y la hipervigilancia erosiona la dignidad.

La sexualidad en la asimetría

La diferencia de intensidad no se limita al mensaje no respondido. Se filtra en la cama. El que ama más suele buscar más contacto, más validación corporal. El que ama menos puede disfrutar, pero no iniciar. Puede responder, pero no anticipar.

En sesión, ella dice algo que la avergüenza: **"Siento que si no lo busco sexualmente, podríamos estar semanas sin tocarnos."** El sexo deja de ser encuentro y se vuelve prueba. ¿Me desea o solo responde? ¿Me elige o solo acepta?

La sexualidad en una relación asimétrica puede transformarse en terreno de confirmación narcisista. No se trata solo de placer. Se trata de asegurarse de no estar perdiendo lugar. Cuando el deseo del otro no se manifiesta activamente, el que ama más siente que debe producirlo. Seduce más. Inicia más. Tolera más. Y lentamente, empieza a sentirse menos deseado.

Viñeta clínica II: El hombre que siempre espera

Un hombre de 48 años consulta por angustia constante. **"La necesito más de lo que ella me necesita."** Ella es autónoma. Tiene proyectos propios. No cancela compromisos. Él reorganiza su agenda para coincidir. No es dependencia absoluta. Es desbalance.

En su historia hay una separación parental abrupta. El amor se retiró sin aviso.

Freud planteaba que el trauma deja una marca que retorna cuando algo actual lo activa (1920).

Cada vez que ella tarda en responder, no es solo demora. Es reactivación de abandono.

En la sexualidad la diferencia es evidente. Él busca intimidad como confirmación afectiva. Ella puede disfrutar sin necesidad de reiteración. Él interpreta la menor frecuencia como señal de desamor. Ella la vive como variación normal. La distancia entre interpretación y vivencia genera conflicto silencioso.

La humillación invisible

Hay un punto donde el que ama más empieza a negociar su propia dignidad. Justifica cancelaciones repetidas. Minimiza indiferencias. Se adapta al ritmo del otro para no incomodar. No quiere parecer demandante. No quiere parecer excesivo. Y en ese esfuerzo comienza a reducir su voz.

Una noche ella decide no escribir. Quiere probar algo. Quiere ver qué pasa si no inicia contacto. Pasa el día. Nada. Al día siguiente él escribe casualmente: "¿Todo bien?" Ella responde con alivio inmediato y rabia contenida. No dice nada.

Teme que si reclama, él se aleje. El que ama más calla para conservar.

La asimetría produce una erosión lenta. No hay gritos. Hay desgaste.

Escena de confrontación

Después de meses de tensión acumulada, ella habla. No grita. No dramatiza. Dice algo simple: **“Siento que siempre soy yo la que sostiene esto.”** Él responde con desconcierto. **“No es verdad. Estoy acá.”** Pero estar no es lo mismo que sostener. Estar no es lo mismo que elegir activamente.

Ella pregunta: **“Si yo dejara de insistir, ¿seguirías buscando?”** El silencio es largo. No es cruel. Es honesto. Él no sabe. Y en ese no saber ella escucha algo más profundo que cualquier insulto.

No es que él no la quiera. Es que no la “necesita” del mismo modo. Y la necesidad, cuando es unilateral, duele.

Viñeta clínica III: La ruptura

En sesión llega con una decisión tomada. No hubo infidelidad. No hubo violencia. Hubo cansancio. **“Estoy agotada de sentir que quiero más de lo que recibo.”**

No lo deja por falta de amor. Lo deja por falta de reciprocidad emocional.

Le digo algo que suena duro pero claro: "**Amar no es perseguir. Amar tampoco es suplicar equilibrio.**"

Llora. No por él solamente. Llora por el esfuerzo invertido. Por la energía gastada intentando regular lo que no dependía solo de ella. Por la fantasía de que, si insistía lo suficiente, él se transformaría.

La ruptura no es rabiosa. Es digna. A veces el acto más adulto no es quedarse. Es retirarse cuando la asimetría erosiona la identidad.

Integración conceptual

La asimetría afectiva no es defecto moral. Es encuentro entre dos estructuras distintas. Uno con apego ansioso. Otro con tendencia evitativa. Uno regula cercanía. Otro regula distancia. Cuando ambos desconocen sus patrones, repiten una danza que hiere sin intención.

La clave no es amar menos. Es amar sin perderse.

El amor adulto no debería sentirse como persecución. Cuando la intensidad nace del miedo, se vuelve exigencia. Cuando nace de elección consciente, se vuelve entrega.

El que ama más no es más puro. Es más vulnerable. Y la vulnerabilidad, sin sostén interno, se convierte en desgaste.

Cierre I

Meses después ella vuelve a sesión. No para hablar de él. Para hablar de sí. Dice algo distinto: **"No quiero volver a amar desde la necesidad. Quiero amar desde la elección."** Ese cambio no es ideológico. Es estructural.

El amor no exige simetría perfecta. Pero sí exige dignidad. Si siempre sos quien espera, quien inicia, quien sostiene, tal vez no estás amando demasiado. Tal vez estás sosteniendo una desigualdad que te vacía.

Amar no debería sentirse como carrera constante para no ser reemplazado. Cuando el amor duele por desbalance, no es intensidad romántica. Es señal.

Y a veces la forma más profunda de amor propio es retirarse antes de desaparecer dentro del otro.

El que "ama menos"

Hay algo que rara vez se dice en voz alta: el que ama menos también sufre. Pero su sufrimiento es distinto.

Es silencioso.

Es defensivo.

Es más difícil de confesar.

El que ama menos no necesariamente siente menos. A veces siente distinto. A veces aprendió a regular el vínculo bajando intensidad. A veces amar demasiado le resultó peligroso en el pasado.

Viñeta clínica IV: "Me ahoga cuando me necesita tanto"

Un hombre de 41 años consulta solo después de que su pareja lo deja. Dice algo que lo coloca en un lugar incómodo: **"Ella decía que yo no daba lo suficiente".**

No la engañó. No la maltrató. No la humilló. Simplemente no respondía con la misma intensidad.

Exploramos su historia. Madre demandante. Padre ausente. En su infancia, el afecto era presión. Cuando alguien necesitaba demasiado, él sentía que debía escapar.

Le pregunto: **"¿Qué sentías cuando ella te decía que te necesitaba?"**

Responde sin dudar: **"Asfixia".**

El que ama menos muchas veces no ama menos. Ama con miedo a perder autonomía.

Sexualidad evitativa

En la cama, el que ama menos puede funcionar perfectamente. Puede excitarse. Puede disfrutar. Pero algo cambia cuando la sexualidad se convierte en demanda afectiva.

Si el otro busca sexo como confirmación emocional constante, el evitativo puede empezar a retraerse.

No porque no desee. Porque siente presión.

Hazan y Shaver (1987) demostraron que los estilos de apego influyen directamente en la dinámica sexual adulta. El apego evitativo tiende a disociar sexo y vulnerabilidad. Puede haber deseo sin entrega emocional profunda.

Cuando el ansioso busca fusión, el evitativo busca espacio.

La asimetría no es simple falta de amor. Es choque de sistemas internos.

Escena: Cuando el que ama menos pierde

Meses después de la ruptura, él vuelve a consulta. La mujer que lo dejó ya no insiste. Ya no escribe. Ya no reclama.

Y algo inesperado ocurre: empieza a extrañarla.

Pero no la extraña cuando ella lo buscaba. La extraña cuando ya no lo necesita.

Hay un momento en sesión cuando dice: **"Ahora soy yo el que quiere llamarla"**.

El deseo aparece cuando desaparece la presión.

La pregunta clínica es inevitable: ¿era amor reprimido o reacción a la pérdida de control?

El narcisismo del que ama menos

El que ama menos suele sostener una posición inconsciente de poder. No necesariamente abusiva. Pero sí reguladora. Decide cuándo acercarse. Decide cuánto ofrecer.

Cuando el otro se retira, esa posición tambalea.

El poder del desapego se vuelve vacío.

La persona que parecía segura empieza a sentir inseguridad real.

Aquí aparece algo estructural: muchas personas con apego evitativo solo pueden contactar la intensidad emocional cuando hay riesgo real de pérdida.

Integración ampliada

La asimetría afectiva es encuentro entre dos historias que no se reconocen.

Uno teme abandono. El otro teme absorción.

Uno dice: "Acercate". El otro dice: "Dame espacio".

Y ambos creen que el otro es el problema.

El trabajo adulto no es que uno se vuelva menos intenso y el otro más intenso por obligación. Es que ambos comprendan desde dónde aman.

Si el ansioso no fortalece su autonomía, perseguirá eternamente.

Si el evitativo no tolera vulnerabilidad, escapará eternamente.

El amor maduro exige exposición en ambos extremos.

Cierre II

El que ama más puede cansarse y retirarse.

El que ama menos puede descubrir demasiado tarde que sí amaba.

La asimetría no destruye por diferencia. Destruye por falta de conciencia.

Amar no es medir intensidad idéntica. Es asumir responsabilidad por el propio modo de vincularse.

Cuando uno ama desde el miedo y otro desde la defensa, el vínculo se convierte en campo de batalla invisible.

El amor adulto comienza cuando ambos dejan de culparse y empiezan a reconocerse.

CAPÍTULO 5

Cuando el deseo se apaga, pero nadie se va

Hay parejas que se separan con escándalo. Otras se quedan en silencio. No hay gritos. No hay traición visible. No hay ruptura formal. Solo hay algo que se va apagando lentamente, sin dramatismo, sin anuncio.

Una mujer apaga la luz del dormitorio. Él ya está acostado. Se dan un beso breve, correcto, automático. Ella se acomoda de espaldas. Él también. Entre ambos no hay conflicto abierto. Hay distancia. Hace meses que no tienen relaciones sexuales. No por enfermedad. No por prohibición. Simplemente porque no surge. Y cuando surge, alguno de los dos dice: **"Estoy cansado"**. El cansancio se convierte en argumento neutral. Nadie acusa. Nadie exige. Pero el cuerpo empieza a registrar la ausencia.

El deseo no suele morir de un día para otro. Se transforma. Se diluye. Se vuelve esporádico. Luego previsible. Luego prescindible.

Al principio es menos frecuencia. Después menos intensidad. Luego menos iniciativa. Finalmente, menos contacto. La pareja comienza a parecerse más a una sociedad funcional que a un vínculo erótico. Comparten gastos. Comparten agenda. Comparten responsabilidades. Pero ya no comparten tensión. Y la tensión es la materia prima del erotismo.

Viñeta clínica I: "Nos queremos, pero no nos tocamos"

Consulta una pareja de 42 y 44 años. Veinte años juntos. Dos hijos adolescentes. No hay infidelidad. No hay violencia. Ambos dicen casi lo mismo: **"Nos queremos mucho"**. Pero cuando les pregunto cuándo fue la última vez que tuvieron un encuentro sexual con deseo genuino, se miran con incomodidad. **"No sé... hace meses"**, responde ella. Él asiente. No hay enojo en la sala. Hay desconcierto.

Exploramos la historia. La sexualidad fue quedando subordinada a la logística. El trabajo. Las actividades de los hijos. El cansancio acumulado. Cuando había tiempo, estaban agotados. Cuando no estaban agotados, estaban desconectados.

Ella dice algo que sintetiza la escena: **"Ya no sé cómo empezar"**. Él agrega: **"Yo dejé de intentar porque sentía que siempre era yo el que proponía"**. Sin darse cuenta, ambos fueron retirándose. No por falta de amor, sino por miedo a incomodar al otro con una demanda que podría no ser correspondida.

Freud distinguía entre amor tierno y amor sensual (1912), señalando que no siempre coinciden en intensidad constante. La convivencia fortalece la ternura. Pero si la dimensión sensual no se cuida deliberadamente, puede quedar relegada. El problema no es que el deseo fluctúe. El problema es creer que debería sostenerse sin intervención consciente.

La sexualidad evitada

En sesión, ella admite algo que nunca dijo en casa: **"A veces prefiero que no me toque. Siento que si empezamos tengo que sostener algo que ya no siento igual"**. Él la mira sorprendido. Luego responde con voz baja: **"Yo dejé de buscar porque cada vez que lo hacía sentía rechazo"**. Se instala un círculo silencioso. Uno evita para no incomodar. El otro evita para no ser rechazado. Ambos interpretan la distancia como confirmación de que el deseo murió. Pero muchas veces no murió. Se anestesió.

El deseo adulto no es espontáneo ni permanente. Requiere conversación. Requiere incomodidad. Requiere decir: **"Esto ya no me provoca lo mismo que antes"**. Y esa frase asusta más que cualquier infidelidad, porque pone en juego la identidad misma del vínculo.

La pornografía como sustituto silencioso

Un hombre de 46 años reconoce en consulta individual que consume pornografía con frecuencia. No lo vive como traición. Lo vive como alivio. **"Es más simple"**, dice. **"No hay que seducir. No hay que exponerse. No hay que sostener la mirada"**. La pornografía no es el problema en sí. Se vuelve síntoma cuando reemplaza sistemáticamente el encuentro real. El cuerpo encuentra descarga sin vulnerabilidad. Pero también sin vínculo.

Cuando le pregunto qué siente después, responde algo que marca la fractura: **"Vacío"**. La satisfacción física no compensa la ausencia de intimidad emocional. Pero evita la confrontación con el problema real: hablar con su pareja sobre el apagamiento.

Escena: Dormir juntos, vivir separados

Una noche ella intenta iniciar contacto. Lo toca. Él responde. El acto ocurre. Pero es mecánico. No hay mirada sostenida. No hay pausa. No hay juego. Después él se duerme rápido. Ella queda despierta. Siente algo difícil de nombrar: no es frustración sexual pura. Es soledad compartida. Están juntos. Pero no se encuentran. La sexualidad sin presencia se convierte en trámite.

Viñeta clínica II: La microinfidelidad digital

No empezó con intención. Empezó con aburrimiento. Un hombre de 43 años, casado hace quince, empieza a intercambiar mensajes con una ex compañera de universidad. Al principio es nostalgia. **"Cuánto tiempo." "Qué cambiados estamos."** Pero la nostalgia reinstala una versión anterior de sí mismo. En casa se siente rutina. En el chat se siente interesante.

Los mensajes se vuelven más frecuentes. Empiezan los intercambios nocturnos. No hay encuentro físico. Pero hay anticipación. Se despierta y revisa el celular antes de saludar a su esposa. Dice en sesión: **"Solo hablamos".** Pero cuando le pregunto si su esposa podría leer la conversación sin sentirse traicionada, guarda silencio.

La microinfidelidad digital no siempre incluye desnudos ni encuentros. A veces consiste en trasladar intimidad emocional y erótica fuera del vínculo principal sin consentimiento. La notificación activa anticipación. La anticipación activa deseo. Pero lo que sostiene la dinámica no es la tecnología. Es el contraste. En casa, conversaciones funcionales. En el chat, insinuación. En casa, sexo esporádico. En el chat, tensión permanente.

Un día ella le envía una foto ambigua. Él responde con un halago más directo de lo que había dicho en años en su propio dormitorio. Cruza una línea simbólica. No física. Pero significativa.

Cuando su esposa nota algo y pregunta **"¿Estás hablando con alguien?"**, él minimiza. No hay prueba explícita. Hay distancia. En consulta conjunta, ella dice algo que resume el daño: **"No es que te hayas acostado con otra. Es que te fuiste de acá".** La frase revela la estructura. La infidelidad digital no siempre es sexual. Es desplazamiento de presencia.

La tecnología no crea el conflicto. Lo facilita. El problema no es el celular. Es el silencio previo. La pregunta clínica es estructural: **¿qué no pudo decirse en casa que se dijo en el chat?**

La fraternalización del vínculo

Con el tiempo, algunas parejas se convierten en excelentes compañeros. Se apoyan. Se respetan. Se organizan. Pero la tensión sexual desaparece casi por completo. Sternberg (1986) planteó que el amor combina intimidad, pasión y compromiso. En estas parejas suele quedar fuerte el compromiso y la intimidad afectiva, pero la pasión se reduce drásticamente. No es falta de cariño. Es transformación del tipo de vínculo.

La pregunta incómoda es si puede sostenerse una pareja a largo plazo solo con compromiso e intimidad. Algunas sí.

Otras no. Lo problemático no es la baja frecuencia sexual. Es que no pueda hablarse sin vergüenza.

La vergüenza de hablar

Decir **"ya no siento lo mismo"** suena devastador. Decir **"necesito algo distinto en la cama"** suena acusatorio. Decir **"fantaseo con otros"** suena destructivo. Entonces nadie dice nada. El silencio protege momentáneamente, pero erosiona a largo plazo.

En sesión, cuando uno se anima a decir: **"Te extraño como amante"**, el clima cambia. No siempre mejora de inmediato. Pero se vuelve real. El deseo no puede volver donde no hay verdad.

Escena de decisión

Una noche, después de meses de distancia, ella lo mira y dice: **"No quiero que nos convirtamos en compañeros sin deseo"**. Él responde con algo inesperado: **"Yo tampoco"**. Por primera vez en mucho tiempo no hablan de hijos ni de trabajo. Hablan de lo que les falta. No es mágico. No se resuelve en una escena. Pero el deseo empieza a tener espacio simbólico nuevamente.

Integración conceptual

El apagamiento del deseo no es sentencia definitiva. Es señal. Puede indicar rutina excesiva. Puede indicar resentimiento acumulado. Puede indicar miedo a exposición. Puede indicar transformación del tipo de amor. La clave no es forzar intensidad artificial. Es investigar qué parte del vínculo quedó silenciada.

El erotismo adulto no es repetición del enamoramiento. Es creación deliberada. Requiere vulnerabilidad. Requiere conversación incómoda. Requiere aceptar que el deseo no es garantía permanente.

Cierre

Cuando el deseo se apaga, pero nadie se va, la pareja entra en zona gris. No hay tragedia visible. Pero tampoco vitalidad. El riesgo no siempre es la aventura física. A veces es la anestesia. A veces es un mensaje nocturno. Una fantasía sostenida en pantalla. Un cuerpo que ya no se busca.

La pregunta no es si el deseo puede volver a ser como al principio. Nunca lo será. La pregunta es si puede reinventarse.

Porque el amor adulto no es repetición del inicio. Es construcción continua. Y cuando dos personas se animan a decir **"nos estamos perdiendo"**, todavía hay algo que salvar.

CAPÍTULO 6

Amar después de haber sido herido

Hay personas que no llegan al amor por primera vez. Llegan después de haber sido traicionadas. Después de haber sido reemplazadas. Después de haber suplicado. Y eso cambia todo.

Una mujer de 38 años conoce a alguien que la trata bien. Es atento. Es claro. No juega. No desaparece. No manipula. Pero cada vez que él tarda más de lo habitual en responder un mensaje, algo en su cuerpo se activa como si estuviera frente al mismo hombre que la engañó años atrás.

No es el presente. Es memoria. Amar después de haber sido herido no es empezar de cero. Es empezar con cicatriz.

Y la cicatriz no duele siempre. Duele cuando algo la roza.

El cuerpo que recuerda antes que la mente

Ella sabe racionalmente que su nueva pareja no le dio motivos de sospecha. Pero el cuerpo no razona. El cuerpo anticipa. Siente una opresión mínima cuando él menciona a una compañera de trabajo. Se queda en silencio cuando él tarda en responder. Imagina escenarios que no quiere imaginar.

En sesión dice algo que resume el conflicto: **"No quiero ser esta persona"**.

Cuando alguien ha sido traicionado, el cerebro aprende que el amor puede ser peligro. La amígdala registra patrones. La memoria emocional se instala como mecanismo de supervivencia. La mente puede entender que esta persona es distinta. El cuerpo no lo sabe todavía.

El trauma relacional no siempre se manifiesta con pesadillas. A veces se manifiesta con sospecha constante.

Viñeta clínica I: La vigilancia silenciosa

Consulta una mujer de 35 años. Su pareja actual no le dio razones objetivas para desconfiar. Sin embargo, revisa su teléfono cuando él se ducha. Se odia por hacerlo. Se siente invasiva. Pero el impulso es más fuerte que la ética.

"Solo quiero estar tranquila", dice.

El problema es que la tranquilidad dura minutos. Luego vuelve la inquietud.

Exploramos su historia. Su ex pareja la engañó durante un año mientras ella sospechaba y él negaba. La mentira fue más devastadora que el acto sexual.

Ahora su cuerpo no tolera la incertidumbre.

Cuando le pregunto qué teme exactamente, responde con honestidad brutal: **"Volver a ser la última en enterarme"**.

El dolor no fue solo la traición. Fue la humillación.

La paradoja del control

Quien fue herido intenta controlar para no volver a sufrir. Pero el control permanente erosiona el vínculo actual.

Un día él descubre que ella revisó su celular. No grita. Pero se siente traicionado. **"¿Qué hice para que no confíes?"**, pregunta. Ella responde llorando: **"No sos vos. Es lo que me hicieron"**.

Y él dice algo que revela el núcleo: **"Pero soy yo el que está pagando"**.

Esa frase instala el conflicto ético central: hacer responsable al presente por el daño del pasado.

Pero esto no se resuelve con fuerza de voluntad. Requiere trabajo profundo. Porque el miedo no desaparece por decreto.

El amor con cláusulas invisibles

Muchas personas que han sido heridas entran en nuevos vínculos con cláusulas implícitas:

"No me mientas."

"No me ocultes nada."

"No me dejes sin explicación."

El problema no son las frases. El problema es que no siempre se dicen. Se viven como tensión constante. Como vigilancia. Como prueba permanente.

El otro lo percibe como examen continuo.

Y cuando alguien se siente evaluado todo el tiempo, deja de sentirse espontáneo.

La espontaneidad es condición del deseo.

Viñeta clínica II: El hombre que se va antes

Un hombre de 47 años comienza relaciones intensas que terminan abruptamente cuando empiezan a volverse profundas. No engaña. No miente. Pero se retira cuando el apego crece.

En sesión dice: **"Prefiero irme antes de que me dejen"**.

Su historia incluye una ruptura traumática donde fue abandonado sin explicación. Desde entonces, su sistema interno aprendió que vincularse es exponerse a caída.

Cuando empieza a enamorarse, encuentra defectos en la otra persona. Se convence de que no es lo que quiere. Se va.

Aquí la herida no genera vigilancia. Genera evitación.

No es frialdad. Es autoprotección.

Sexualidad atravesada por la herida

La herida relacional también infiltra la sexualidad.

Una mujer relata que después de una traición ya no puede tener relaciones sexuales sin sentir ansiedad posterior. **"Después de que termina, me invade la idea de que me va a dejar"**, dice.

El sexo, que debería ser conexión, se convierte en activador de miedo.

En otros casos ocurre lo contrario: hipersexualización. La persona busca confirmar deseo constante. Necesita pruebas repetidas de que sigue siendo elegida.

Un hombre confiesa en sesión: **"Si no tenemos sexo seguido, siento que me está dejando"**. El deseo deja de ser placer. Se convierte en garantía.

Pero el deseo no puede sostenerse bajo presión.

Escena: El mensaje no respondido

Ella envía un mensaje a las 18:42. **"¿Cómo estás?"**. Él no responde hasta las 19:15. Treinta y tres minutos.

Para una persona sin herida, es demora. Para ella, es amenaza.

En esos treinta y tres minutos construye una narrativa completa. Lo imagina distraído con otra. Lo imagina aburrido de ella. Lo imagina perdiendo interés.

Cuando finalmente responde con un simple "Todo bien, recién salgo de reunión", ella ya está activada.

No por él. Por el pasado.

Repetición inconsciente

Freud hablaba de la compulsión a la repetición: el sujeto recrea escenarios que ya conoce, incluso cuando fueron dolorosos. A veces el herido elige personas emocionalmente ambiguas. A veces se involucra con quien no puede comprometerse. A veces confirma su propia creencia de que será abandonado.

Una mujer que fue engañada repetidamente elige hombres emocionalmente indisponibles. En sesión reconoce algo devastador: **"Con los que me tratan bien, me aburro"**.

No es masoquismo consciente. Es familiaridad con la intensidad caótica. El sistema nervioso se acostumbró a la montaña rusa. La estabilidad parece plana.

Viñeta clínica III: La prueba constante

Una pareja joven consulta porque ella exige confirmación permanente de amor. Mensajes constantes. Preguntas reiteradas. Necesidad de saber dónde está, con quién está.

Él al principio responde. Luego se cansa. Comienza a irritarse.

En sesión ella admite: **"No quiero ser así. Pero cuando no sé, me desespero"**.

Su historia incluye abandono paterno abrupto.

La herida temprana reaparece en vínculo adulto.

El problema no es la pareja actual. Es la memoria emocional no elaborada.

La diferencia entre precaución y paranoia

No todo miedo es patológico. La experiencia enseña. La precaución puede ser saludable. El problema aparece cuando la anticipación de daño se vuelve lente permanente.

Cuando cada demora es amenaza.

Cuando cada mirada es sospecha.

Cuando cada silencio es abandono.

La confianza adulta no es ingenuidad. Es riesgo consciente.

Pero para arriesgarse hay que elaborar el duelo anterior.

Elaborar para no vivir blindado

Amar después de haber sido herido exige atravesar el duelo real de esa herida. No solo del vínculo perdido, sino de la versión idealizada de uno mismo que se quebró.

La traición no solo rompe confianza en el otro. Rompe confianza en el propio criterio.

"¿Cómo no me di cuenta?"

"¿Cómo fui tan ingenua?"

La herida narcisista es doble: perder al otro y perder la imagen de uno mismo como alguien que sabía elegir.

El trabajo clínico consiste en integrar la experiencia sin convertirla en identidad.

No se trata de olvidar. Se trata de no vivir blindado.

Escena final: Elegir confiar

En sesión, la mujer que revisaba el celular dice algo nuevo: **"Tengo miedo de que me engañes. Pero no quiero seguir viviendo así"**. No es acusación. Es exposición.

Él responde: **"No puedo prometerte que nunca te voy a fallar. Pero sí puedo prometerte que no voy a mentirte"**.

No es garantía absoluta. Es pacto realista.

La confianza adulta no es certeza. Es decisión renovada.

Integración

Amar después de haber sido herido no elimina el miedo. Lo integra.

El amor nuevo no cura automáticamente el daño anterior. Pero puede convertirse en espacio de reparación si la herida se nombra.

La pregunta no es **"¿y si me vuelven a lastimar?"**.

La pregunta es **"¿quiero vivir blindado o quiero vivir conectado?"**.

El blindaje protege. La conexión expone.

La vida ocurre en la exposición.

CAPÍTULO 7

Cuando el amor se termina

Hay rupturas que se ven venir. Otras llegan como diagnóstico inesperado. Una mujer de 41 años está sentada frente a su pareja en la cocina. No están gritando. No están acusándose. Están agotados. **"Creo que ya no podemos seguir"**, dice él. La frase no estalla; cae. Ella no pregunta si hay otra persona. Pregunta algo más devastador: **"¿Desde cuándo dejaste de elegirme?"**. El silencio que sigue es más violento que cualquier insulto.

El final de una relación no siempre coincide con la frase que la clausura. A veces termina meses antes, cuando ya no hay discusión porque ya no hay energía. Cuando reclamar resulta inútil. Cuando el cansancio reemplaza al deseo. El amor adulto no siempre muere por odio. A veces muere por erosión lenta.

Lo más cruel no es la separación. Es descubrir que el otro ya venía soltando.

La escena de ruptura

Esa noche ella no duerme. Él tampoco. Están en la misma cama, pero ya no están en el mismo lugar. A las tres de la madrugada ella rompe el silencio. **"¿Hay alguien más?"**.

Él tarda en responder. Dice que no, que no es eso, que simplemente ya no siente lo mismo. Y esa frase, "no siento lo mismo", tiene algo insoportable: no ofrece enemigo. No ofrece competencia. No ofrece solución.

Ella se levanta y lo enfrenta en la penumbra. **"¿Cuándo fue la última vez que me miraste con deseo?"**. Él baja la mirada. No recuerda. O no quiere recordar. Ella no llora todavía. Está demasiado herida para llorar.

Hay algo humillante en que el amor termine sin traición explícita. Porque obliga a aceptar que no hubo villano. Solo desgaste.

En la clínica, este momento es clave: la caída del deseo no siempre implica falta de cariño. Pero cuando el deseo desaparece y nadie lo nombra, el vínculo empieza a vaciarse.

Viñeta clínica I: El que suplica

Un hombre de 48 años llega a sesión días después de que su pareja le anunciara que se iba. En la discusión final hizo algo que juró nunca hacer: suplicó. **"No te vayas. Prometo cambiar."** Ella respondió con algo devastador: **"No necesito que cambies. Necesito sentir algo que ya no siento."**

En consulta dice: **"Me humillé"**. Pero no fue humillación. Fue desesperación narcisista. Cuando el otro se va, no solo se pierde compañía. Se pierde espejo. Se pierde validación.

Freud hablaba del golpe al yo cuando el objeto amado retira su investidura libidinal. El sujeto no solo pierde al otro; pierde la energía que lo sostenía como valioso.

Después de la ruptura, este hombre hizo algo más difícil: revisó su historia. Descubrió que llevaba años funcionando, pero no deseando. Que la rutina había reemplazado la curiosidad. Que el silencio había reemplazado la conversación incómoda. Pero ese insight, llegó tarde.

El sexo de despedida

Hay una escena que casi nadie cuenta.

Después de decidir separarse, muchas parejas tienen un último encuentro sexual. No es reconciliación. No es pasión ingenua. Es algo ambiguo, casi desesperado.

Ella lo busca. Él responde. Se tocan con una intensidad distinta. No porque el deseo haya vuelto mágicamente. Sino porque ahora hay pérdida real.

El sexo de despedida tiene algo brutal: mezcla nostalgia con posesión final. Puede surgir llanto durante el acto, miradas sostenidas y hay preguntas que no se formulan. El cuerpo intenta retener lo que la decisión ya soltó.

En sesión, una mujer dijo algo que quedó grabado: **"Fue el mejor sexo que tuvimos en años. Y fue el último."** ¿Por qué? Porque la inminencia de la pérdida reactivó el deseo. El riesgo volvió tangible lo que la estabilidad había anestesiado.

El problema es que el deseo activado por pérdida no reconstruye vínculo. Solo confirma que algo todavía estaba vivo, pero no supo sostenerse antes.

La herida narcisista

Después del final aparece la pregunta más cruel: **"¿Qué tuvo que no tuve yo?"**. Incluso cuando no hay tercera persona, el sujeto busca una comparación imaginaria. **"Talvez fui demasiado." "Tal vez fui insuficiente." "Tal vez si hubiera sido distinto/a..."**

El narcisismo herido es más devastador que la soledad. Porque ataca la identidad.

Lacan planteaba que el deseo del Otro sostiene al sujeto. Cuando ese deseo se retira, el yo se siente inconsistente. Por eso la ruptura no solo duele. Desorganiza.

Viñeta clínica II: La llamada a las 2:17

Una mujer de 39 años llama a su ex pareja a las 2:17 de la madrugada. No porque quiera volver. Porque no tolera la sensación de ser reemplazada. Él no atiende. Ese no atender duele más que la ruptura original.

En sesión dice algo honesto: **"No quería volver con él. Quería confirmar que todavía podía llamarlo."** Lo que se pierde en una ruptura no es solo amor. Es acceso.

El duelo de pareja incluye deshabituarse del otro. Desaprender la inmediatez.

Cuando el amor sí se terminó

Hay rupturas donde todavía hay amor. Y hay rupturas donde el amor se agotó por completo. Aceptar esto último es más doloroso porque no deja margen para fantasía de retorno.

Un hombre en consulta dice: **"No la odio. No la extraño. Simplemente no siento nada."** Esa indiferencia es el cierre más definitivo. No hay pelea. No hay tensión. Solo vacío.

Aceptar que el amor terminó implica aceptar que no todo lo intenso es eterno. Que algunas relaciones cumplen función y luego se extinguen.

No todo final es fracaso. A veces es límite.

Lo que queda después

Después del amor quedan escenas, preguntas, aprendizaje. Queda también una versión más lúcida de uno mismo. Quedan errores reconocidos. Quedan silencios que ahora se entienden.

Una pareja de 50 años decide separarse sin traición. En sesión dicen: **"Nos quisimos bien, pero ya no nos elegimos."** Hay tristeza, pero no destrucción. La separación consciente es una forma adulta de respeto.

El riesgo de endurecerse

Después del dolor aparece la tentación de blindarse. **"Nunca más." "Prefiero estar solo." "No vuelvo a confiar."** El blindaje protege del sufrimiento inmediato, pero también clausura posibilidad futura.

El amor adulto no es ausencia de miedo. Es capacidad de volver a elegir sabiendo que puede doler.

Viñeta clínica III — Volver a elegir

Meses después, la mujer del inicio vuelve a sesión. Ya no llora. Ya no revisa redes sociales compulsivamente. Dice algo distinto: **"No quiero volver a amar para que me salven. Quiero amar porque elijo."**

Conoce ahora la finitud. Sabe que ninguna relación garantiza eternidad. Pero también sabe que evitar el riesgo no evita la vida.

Amar nuevamente no es ingenuidad. Es valentía informada.

Integración final

Hemos recorrido idealización, infidelidad, doble vida, apertura, asimetría, apagamiento del deseo y ruptura.

El conflicto del amor no es excepción. Es estructura.

Amar implica ambivalencia. Implica deseo y duda. Implica riesgo. Implica pérdida posible. La madurez no elimina el conflicto; lo integra. No elimina el miedo; lo reconoce. No promete permanencia; ofrece elección.

Cierre

Una mujer mira a alguien nuevo dormir. No lo mira con ilusión adolescente. Lo mira sabiendo que podría fallar, que podría irse, que podría doler. Y aun así decide quedarse.

No porque crea que esta vez será perfecto. Sino porque entendió algo esencial: el amor no es garantía. Es acto.

Y cuando alguien ama sabiendo que puede perder, pero elige igual, el amor deja de ser fantasía y se convierte en decisión adulta.

CAPÍTULO 8

Cuando amar se convierte en control

No todo control empieza con un grito. A veces empieza con una pregunta aparentemente inocente: **"¿Con quién estabas?"**

El tono es suave. No hay agresividad. Hay interés. Al principio se siente cuidado. Alguien quiere saber dónde estás. Alguien se preocupa. Alguien necesita confirmación.

El problema no es la pregunta. El problema es la frecuencia. La insistencia. La incomodidad cuando no se responde de inmediato.

El control en el amor rara vez se presenta como dominación explícita. Se presenta como intensidad afectiva.

La celotipia romantizada

Una mujer de 32 años relata algo que dice con orgullo: **"Él es re celoso. No soporta que me miren."** Lo dice como una validación. Como la prueba de que importa. Durante meses, los celos la hacen sentirse elegida. Deseada. Central.

Pero lentamente algo cambia. Ya no son solo miradas. Son comentarios sobre la ropa. **"Esa pollera es muy corta."** No es orden directa. Es sugerencia cargada.

Luego aparecen las escenas incómodas. En una reunión social él se queda en silencio si ella conversa demasiado con alguien. En el auto, camino a casa, pregunta: **"¿Te gusta?"**

Ella responde que no. Él insiste. Ella se defiende. Él dice que exagera.

El clima se espesa.

En sesión, meses después, ella dice algo distinto: **"Ya no sé si me cela porque me ama o porque me quiere controlar."**

Hasta ese momento percibía la línea como sutil. Y cuando es sutil, es más difícil de detectar.

Gaslighting: la desorganización silenciosa

Un hombre de 40 años consulta porque su pareja dice que él **"imagina cosas".** Él siente que algo no encaja. Nota contradicciones. Cambios de versión. Pequeñas mentiras. Cuando las señala, ella responde: **"Estás paranoico." "Siempre exagerás." "Nunca pasó eso."**

Al principio duda de ella. Después duda de sí mismo.

El gaslighting no necesita violencia física. Opera sobre la percepción. Desorganiza la confianza en la propia lectura de la realidad.

Freud señalaba que el yo se sostiene en parte por la coherencia narrativa. Cuando esa coherencia es constantemente cuestionada por el otro, el sujeto empieza a erosionarse.

En sesión dice algo que resume el efecto: **"Ya no confío en lo que siento."**

Cuando el amor desorganiza tu percepción, no es amor maduro. Es poder encubierto.

El aislamiento progresivo

No ocurre de golpe. No hay prohibición explícita. Hay comentarios reiterados:

"Tu amiga no me cae bien."

"Siempre que salís con ellos volvés distinta."

"Yo no te prohíbo nada, pero..."

El **"pero"** es el anzuelo. La persona empieza a salir menos. No porque le impidan. Porque prefiere evitar conflicto. Elige tranquilidad antes que confrontación. Y lentamente reduce su red.

Cuando se da cuenta, su mundo se volvió más pequeño.

El control no siempre encierra con llave. A veces persuade.

Sexualidad como instrumento

En algunas parejas el sexo se vuelve herramienta de regulación.

Premio cuando hay obediencia emocional. Castigo cuando hay desacuerdo.

Una mujer relata que cada vez que discuten, él retira contacto físico durante días. No lo declara. Simplemente se vuelve frío. Ella siente angustia. Intenta reparar. Se disculpa incluso cuando no cree estar equivocada.

El sexo reaparece cuando la tensión se resuelve a favor de él.

La sexualidad deja de ser encuentro. Se convierte en moneda.

Hazan y Shaver mostraron cómo los estilos de apego influyen en la dinámica sexual. En estructuras más controladoras, la sexualidad puede usarse para reafirmar dominio o asegurar dependencia.

Cuando el deseo deja de ser libre y se vuelve mecanismo de poder, el vínculo se altera estructuralmente.

Viñeta clínica: "Lo hace porque me ama"

Consulta una mujer de 36 años. Su pareja revisa su celular con frecuencia. Al principio ella se resistía. Ahora lo normalizó. **"No tengo nada que ocultar"**, dice.

Le pregunto qué siente cuando él revisa. Responde: **"Nada."**

Silencio largo. Luego agrega: **"Bueno... un poco de invasión. Pero si no lo hace se pone peor."**

El problema no es solo la revisión. Es que ella empieza a autorregular su conducta para evitar reacción. Evita ciertos contactos. Borra mensajes que podrían interpretarse mal, aunque no tengan contenido inapropiado.

Empieza a vivir anticipando la reacción del otro.

Eso no es pasión intensa. Es hipervigilancia aprendida.

El narcisismo disfrazado de amor

Algunas estructuras narcisistas no buscan solo ser amadas. Buscan ser centro exclusivo. La pareja no es sujeto autónomo. Es extensión.

Cuando la otra persona necesita espacio, proyectos propios o vínculos externos, el narcisista lo vive como amenaza.

"No te alcanza conmigo."

"Siempre necesitás algo más."

La frase parece reproche amoroso. En realidad, es intento de monopolio afectivo.

El amor adulto acepta alteridad. El control necesita exclusividad emocional permanente.

La confusión entre intensidad y violencia

Muchas personas asocian conflicto intenso con pasión auténtica. Discusiones explosivas seguidas de reconciliaciones sexuales intensas pueden generar sensación de vínculo poderoso.

Pero intensidad no es sinónimo de salud. A veces es desregulación compartida.

En sesión, una mujer dijo: **"Cuando no discutimos siento que no me ama."** Su sistema nervioso se acostumbró al ciclo tensión–reconciliación. La calma le resulta sospechosa.

El amor no debería necesitar tormenta constante para sentirse real.

¿Por qué cuesta irse?

Porque no todo es malo.

Porque hay momentos de ternura.

Porque el control no es permanente.

Porque hay promesas de cambio.

Porque el vínculo no es solo opresión.

La ambivalencia atrapa más que la violencia continua.

Salir de un vínculo donde hay control sutil implica reconocer algo doloroso: que el amor no compensa la pérdida de autonomía.

Integración conceptual

El poder en la pareja no siempre es consciente. Puede surgir de inseguridades profundas, apego desorganizado, historia de abandono o rasgos narcisistas. Pero comprender el origen no justifica el daño.

Amar no es regular al otro para que calme mi miedo.

Amar no es reducir su mundo para asegurar mi centralidad.

Amar no es erosionar su percepción hasta que dude de sí.

El amor adulto incluye libertad, incluye límites e incluye diferencia.

Cuando el vínculo exige renuncia constante a la propia identidad para sostenerlo, ya no estamos ante conflicto amoroso normal. Estamos ante estructura de poder.

CIERRE: Amar sin garantías

Una mujer mira a alguien dormir. Podría ser el mismo hombre del inicio. Podría ser otro. La escena se repite, pero ya no es ingenua. Ya no piensa: **"¿Lo elegiría hoy?".** Piensa algo más brutal: **"Sé que podría perderlo. Y aun así lo elijo."**

Ahí está todo.

Ya no hay ideal. Ya no hay fantasía de eternidad. Ya no hay promesa de exclusividad blindada contra el tiempo. Hay conciencia. Sabe que el deseo puede cambiar. Que el cuerpo puede dudar. Que la rutina puede erosionar. Que una traición es posible. Que incluso el amor más intenso puede transformarse. Y aun así lo elige.

No porque crea que esta vez será perfecto. No porque piense que el conflicto desaparecerá. No porque esté segura de que no dolerá. Lo elige sabiendo que nada la protege del todo.

Amar no es asegurarse al otro. Es exponerse. Es aceptar que el otro es libre: libre de desear, libre de cambiar, libre incluso de irse. Y decidir quedarse mientras haya palabra, mientras haya verdad, mientras haya conversación cuando lo incómodo aparezca.

El enamoramiento protege con ilusión. El amor adulto expone con verdad.

Cuando amamos quedamos vulnerables a ser reemplazados, traicionados, olvidados o simplemente dejados de desear. No existe contrato emocional que elimine esa posibilidad. Ninguna promesa cancela la condición humana. Y sin embargo elegimos amar. No porque sea seguro, sino porque la alternativa no es estabilidad: es aislamiento.

El blindaje evita la herida, pero también evita la intensidad. El control reduce la incertidumbre, pero asfixia el deseo. La vigilancia promete tranquilidad, pero mata la entrega. Amar sin garantías no es ingenuidad. Es valentía psíquica. Es decir: no puedo prometer que nunca dudaremos. No puedo prometer que el deseo será idéntico siempre. No puedo prometer que no sentiremos atracción por otros. Pero puedo prometer que hablaré antes de romper. Que nombraré antes de huir. Que no me iré en silencio.

El amor maduro no es ausencia de conflicto. Es compromiso con la palabra.

Quien ama con conciencia sabe que puede perder. Pero también sabe algo más profundo: que amar sin conciencia es perderse a sí mismo.

La mujer que mira a su pareja dormir ya no busca garantía. Busca presencia. No necesita eternidad. Necesita honestidad. Sabe que podría doler. Sabe que podría terminar. Sabe que nada está asegurado.

Y aun así lo elige.

Amar no es garantía. Es decisión.

SOBRE EL AUTOR

Miguel A. Gopar es Licenciado en Psicología. Se dedica a la atención clínica de personas adultas, con especial interés en los vínculos, el deseo y las configuraciones contemporáneas del amor.

Desde su práctica, articula una perspectiva integrativa con fuerte impronta psicoanalítica, abordando fenómenos como la ambivalencia, la infidelidad, la erosión del deseo y las crisis vinculares en la vida adulta.

Su trabajo se centra en comprender la experiencia subjetiva sin reducirla a explicaciones simplistas ni respuestas normativas, priorizando la complejidad emocional y los procesos singulares de cada sujeto.

Reside y ejerce en Dolores, Buenos Aires.

REFERENCIAS

Bowlby, J. (1969). *Attachment and loss: Vol. 1. Attachment*. Basic Books.

Freud, S. (1912). *Sobre la más generalizada degradación de la vida amorosa*. Amorrortu.

Freud, S. (1914). *Introducción del narcisismo*. Amorrortu.

Freud, S. (1920). *Más allá del principio del placer*. Amorrortu.

Hazan, C., & Shaver, P. (1987). Romantic love conceptualized as an attachment process. *Journal of Personality and Social Psychology*, 52(3), 511–524.

Lacan, J. (1964). *El seminario, Libro 11: Los cuatro conceptos fundamentales del psicoanálisis*. Paidós.

Sternberg, R. (1986). A triangular theory of love. *Psychological Review*, 93(2), 119–135.

Winnicott, D. W. (1971). *Realidad y juego*. Gedisa.

Made in the USA
Monee, IL
04 November 2026

67381193R00056